LE
Gardien Vigilant

(LA GUARDA CUIDADOSA)

Intermède en un acte

DE

MICHEL DE CERVANTES

TRADUIT
PAR
Amédée Pagès

PARIS

PARVILLEZ, IMPRIMEUR-ÉDITEUR

32, rue de Turbigo, 32

LE
GARDIEN VIGILANT

Intermède

Imp. PARVILLE. — 30, rue de Turbigo, PARIS.

LE
Gardien Vigilant

(LA GUARDA CUIDADOSA)

Intermède en un acte

DE

MICHEL DE CERVANTÈS

TRADUIT

Sur les Éditions de Madrid 1615 et 1749, et de Paris 1826

PAR

Amédée Pagès

PARIS

PARVILLEZ, IMPRIMEUR-ÉDITEUR, 32, RUE TURBIGO

1888

(Tous droits réservés)

PERSONNAGES DU GARDIEN VIGILANT

LE SOLDAT.
LE SACRISTAIN.
CHRISTINA, *servante*.
UN MENDIANT.
UN COLPORTEUR.
UN CORDONNIER.
GRAJALES, *sous-sacristain*.
LE MAITRE DE CHRISTINA.
LA MAITRESSE DE CHRISTINA.
MUSICIENS.

La scène se passe à Madrid, en 1611

LE GARDIEN VIGILANT

INTERMÈDE

UNE RUE DE MADRID

SCÈNE I

(Entre un **Soldat**, l'air effronté, ceint d'une écharpe déchirée et portant des lunettes ; derrière lui, un **Sacristain** mal vêtu.)

LE SOLDAT

Que me veux-tu, ombre vaine ?

LE SACRISTAIN

Je ne suis pas une ombre vaine, mais un corps massif.

LE SOLDAT

Eh bien ! quoi qu'il en soit, je t'en conjure, au nom de mon malheur, dis-moi qui tu es ; et que viens-tu chercher dans cette rue ?

LE SACRISTAIN

A cela je te réponds, au nom de mon bonheur, que je suis Lorenzo Pasillas, sous-sacristain de cette paroisse, et je cherche dans cette rue ce que j'y trouve : toi tu cherches, et tu ne trouves pas.

LE SOLDAT

Chercherais-tu, par hasard, Christinica[1], la laveuse de vaisselle de cette maison ?

(1) Nous avons cru devoir conserver dans la traduction ce joli diminutif, qui n'a pas d'équivalent en français.

LE SACRISTAIN

Tu dixisti.

LE SOLDAT

Alors viens ici, sous-sacristain de Satan!

LE SACRISTAIN

Eh bien, je vais là-bas, cheval de Genève!

LE SOLDAT

Fort bien. Valet et cheval, il ne manque que le roi pour faire les levées. Viens ici, te dis-je; tu ne sais donc pas, Pasillas, (puissé-je te voir transpercé d'une épée!), que Christinica est mon bijou?

LE SACRISTAIN

Et toi, ne sais-tu pas, polype habillé, que ce bijou je me le suis adjugé, qu'il appartient à ceux qui le méritent, qu'il est à moi?

LE SOLDAT

Vive Dieu! Je vais te taillader de mille coups d'épée et mettre ta tête en lambeaux.

LE SACRISTAIN

Tu pourrais jouer avec les lambeaux qui tombent de tes chausses et de ton habit, sans recourir aux lambeaux de ma tête.

LE SOLDAT

Parles-tu quelquefois à Christina?

LE SACRISTAIN

Quand j'en ai la fantaisie.

LE SOLDAT

Quels cadeaux lui as-tu faits?

LE SACRISTAIN

Je lui en ai fait beaucoup.

LE SOLDAT

Combien, et lesquels?

LE SACRISTAIN

Je lui ai donné une grande caisse de pâte de coings, pleine de rognures d'hosties aussi blanches que la neige même, et quatre paquets de chandelles de cire, aussi blanches que l'hermine.

LE SOLDAT

Que lui-as tu donné encore?

LE SACRISTAIN

Cent mille désirs de lui être agréable, enveloppés dans un billet.

LE SOLDAT

Et elle, que t'a-t-elle donné en retour?

LE SACRISTAIN

L'espoir prochain d'être ma femme.

LE SOLDAT

Tu ne lis donc pas l'épître ?

LE SACRISTAIN

Pas même les complies: je ne suis qu'un frère laïque et je peux me marier quand il me plaira: tu le verras bientôt.

LS SOLDAT

Viens ici, misérable frère laïque, et réponds à la demande que je veux te faire: Si cette fille a répondu si hautement, ce que je ne crois pas, à la mesquinerie de tes cadeaux, comment répondra-t-elle à la splendeur des miens? L'autre jour, en effet, je lui envoyai un billet d'amour, écrit, s'il te plaît, au dos d'un mémoire que je présentai jadis à Sa Ma-. jesté et où j'avais énuméré mes services et mes besoins présents. (Le soldat ne se déshonore pas quand il dit qu'il est pauvre!) Ce mémoire fut l'objet d'un décret et remis à l'aumônier général; et, sans prendre garde qu'il ne pouvait manquer de me valoir quatre ou six réaux, avec une incroyable libéralité et une insouciance remarquable, j'écrivis au revers mon billet, comme je te l'ai déjà dit; je sais que de mes mains pécheresses, il arriva dans les mains quasi saintes de la belle.

LE SACRISTAIN

Lui as-tu envoyé autre chose?

LE SOLDAT

Des soupirs, des larmes, des sanglots, des syncopes et tout le bataillon des démonstrations nécessaires qu'emploient les vrais amoureux, pour découvrir leur passion, et qui doivent être employées en tout temps et en toute saison.

LE SACRISTAIN

Lui as-tu donné quelque concert?

LE SOLDAT

Celui de mes lamentations, et de mes angoisses, ceux de mon anxiété et de mes chagrins.

LE SACRISTAIN

Eh bien, moi, il m'est arrivé de lui donner le concert de mes cloches, chaque fois qu'elle passait, si bien que j'ai exaspéré tout le voisinage avec le vacarme continuel que je leur faisais faire, à seule fin de la charmer, et de lui rappeler que j'étais dans le clocher, disposé à lui plaire. Quand j'ai carillonné pour un mort, je carillonne pour les vêpres solennelles.

LE SOLDAT

C'est en cela que tu l'emportes sur moi; je n'ai point de cloches à sonner, ni rien qui puisse les remplacer.

LE SACRISTAIN

Et comment Christina a-t-elle répondu à la multitude des magnifiques présents que tu lui as faits?

LE SOLDAT

En ne me voyant pas, en ne me parlant pas, en
m'insultant, quand elle me rencontre dans la rue,
en lançant sur moi ses eaux savonneuses, quand elle
fait la lessive, et ses eaux grasses, quand elle lave
la vaisselle. Et cela chaque jour, puisque chaque
jour je me tiens dans cette rue et à sa porte; car je
suis son gardien vigilant; je suis enfin le chien du
jardinier, etc. Je ne la possède pas et personne ne
la possédera, tantque je serai vivant. Ainsi donc,
allez vous-en, monsieur le sous-sacristain; car
c'est parce que je respectais et que je respecte encore votre ordre, que je ne vous ai pas rompu le
crâne.

LE SACRISTAIN

Si vous me le rompiez en autant de morceaux que
vos habits, il serait bien rompu.

LE SOLDAT

L'habit ne fait pas le moine, et le soldat qui revient
déguenillé de la guerre est aussi honorable qu'un chanoine avec un manteau rapiécé, parce que là se mon-
tre l'ancienneté de ses services. Partez, sinon je ferai
ce que j'ai dit.

LE SACRISTAIN

Est-ce parce que vous me voyez sans armes? Eh
bien! attendez ici, monsieur le gardien vigilant, et
vous verrez à qui vous avez affaire [1].

LE SOLDAT

Que peut être un Pasillas?

[1] M. à M. « Et vous verrez quel homme est *Callejas.* » —
« Sepase quien es Callejas », expression castillane qui répond à notre:
« On verra à qui l'on a affaire. »

LE SACRISTAIN

Vous le verrez tout à l'heure: je m'appelle Agrages[1]!

(Sort le sacristain.)

LE SOLDAT

O femmes! femmes! toutes ou presque toutes versatiles et capricieuses! Christina, tu abandonnes cette fleur, ce jardin de la soldatesque et tu t'accommodes du fumier d'un sous-sacristain, alors que tu peux avoir un sacristain tout entier, et même un chanoine! Mais je ferai en sorte que cela ne te profite pas, si c'est possible. Je gâterai ton plaisir en éloignant de cette rue et de ta porte ceux que je soupçonnerai d'être, par un moyen quelconque, tes amants : ainsi je parviendrai à mériter le surnom de gardien vigilant.

SCÈNE II

(Entre un jeune garçon avec une boîte et vêtu d'un habit vert comme ceux qui demandent l'aumône pour une image.)

LE GARÇON

Pour l'amour de Dieu, une aumône pour la lampe de l'huile de madame Saint-Lucie! Qu'elle garde la lumière de vos yeux. Eh! gens de la maison! donnez-vous l'aumône?

LE SOLDAT

Holà! ami Saint-Lucie, venez ici! Que cherchez-vous dans cette maison?

LE GARÇON

Quoi! Votre Grâce ne le voit pas? Une aumône pour la lampe de l'huile de madame Sainte Lucie.

(1) Peut-être faut-il voir dans ce mot une déformation du mot latin *grex*, *gregis* troupeau, foule, multitude. Le sacristain, en effet, ne va pas tarder à revenir accompagné.

LE SOLDAT

Demandes-tu pour la lampe ou pour l'huile de la lampe? Car comme tu dis : « Aumône pour la lampe de l'huile! » il semble que ce soit pour la lampe de l'huile, et non pour l'huile de la lampe.

LE GARÇON

Tout le monde comprend que je demande pour l'huile de la lampe, et non pour la lampe de l'huile.

LE SOLDAT

Et dans cette maison, a-t-on coutume de te donner?

LE GARÇON

Tous les jours deux maravédis.

LE SOLDAT

Et qui vient te les donner?

LE GARÇON

La personne qui se trouve là, mais le plus souvent, c'est une jeune fille de cuisine qui s'appelle Christina, et qui est jolie comme l'or.

LE SOLDAT

Ainsi donc, la fille de cuisine est belle comme l'or?

LE GARÇON

Bien plus, comme une perle.

LE SOLDAT

De façon qu'elle paraîtvous convenir, la fillette?

LE GARÇON

Certes, quand je serais de bois, je ne pourrais la trouver laide.

LE SOLDAT

Comment vous nommez-vous? Je ne voudrais pas vous appeler de nouveau Sainte Lucie.

LE GARÇON

Moi, monsieur, je m'appelle André.

LE SOLDAT

Alors, monsieur André, voici ce que je veux vous dire. Prenez ce cuarto de huit[1], et sachez que l'aumône qu'on vous fait ici et que, d'ordinaire, vous recevez de la main de Christina, vous est payée pour quatre jours. Allez avec Dieu ! et soyez averti que de quatre jours vous ne devez pas retourner à cette porte, pas même pour du feu, si vous ne voulez pas que je vous rompe les côtes à coups de pied.

LE GARÇON

Je ne reviendrai pas de tout le mois, si ma mémoire est bonne: ne vous mettez pas en peine, je m'en vais.

(Il sort)

SCÈNE III

LE SOLDAT

Ne dors pas, gardien vigilant!

(Entre un autre garçon vendant et criant des tresses, du holans[2] de Cambrai, des dentelles de Flandre et du fil de Portugal.)

LE GARÇON

Achetez des tresses, des dentelles de Flandre, des holans de Cambrai, du fil de Portugal!

CHRISTINA (à la fenêtre)

Holà! Manuel, apportez-vous du cordonnet aux couleurs vives pour des chemises?

LE GARÇON

Oui, d'excellent.

CHRISTINA

Entrez donc, ma maîtresse en a besoin.

(1) Petite monnaie espagnole.
(2) Holans, sorte de batiste.

LE SOLDAT

O étoile de ma perdition, plutôt que nord de mon espérance! (*Au colporteur*). Hé! les tresses, ou quelque soit votre nom! Connaissez-vous cette demoiselle, qui vous appelle de la fenêtre?

LE GARÇON

Oui, je la connais; mais pourquoi cette question?

LE SOLDAT

N'a-t-elle pas bon visage, et une grâce exquise?

LE GARÇON

Il me le semble.

LE SOLDAT

Eh bien! il me le semble tellement, à moi aussi, que vous n'entrerez point dans cette maison, ou par Dieu! je jure de vous broyer les os, sans en épargner un seul.

LE GARÇON

Quoi? Je ne puis entrer où l'on m'appelle pour acheter ma marchandise?

LE SOLDAT

Va-t'en, et ne réplique pas, ou je ferai ce que je dis et tout de suite.

LE GARÇON

Terrible contre-temps! Doucement, monsieur le soldat, je m'en vais.

(Manuel s'éloigne.)

CHRISTINA, à la fenétre

Tu n'entres pas, Manuel?

LE SOLDAT

Manuel est parti, Madame du cordonnet aux couleurs vives[1]; maîtresse aussi des morts ; car

(1) Il est impossible de traduire autrement le calembour du texte, où le mot **vivos** est pris dans les deux sens de « vivants » et de « cordonnets aux couleurs vives ».

Voici le texte : « Señora, la de los vivos, y aun señora la de los muertos porque a muertos y a vivos tienes debajo de tu manda y señorio. »

morts et vivants tous se soumettent à ton empire.

CHRISTINA

Jésus! Quel ennuyeux animal! Que cherchez-vous dans cette rue et à cette porte?

(Sort Christina)

LE SOLDAT

Mon soleil s'est voilé et a disparu derrière les nuages!

SCÈNE IV

(Entre un cordonnier portant de petites mules neuves à la main. Lorsqu'il va entrer dans la maison de Christina, le soldat l'arrête.)

LE SOLDAT

Bon monsieur, cherchez-vous quelquechose dans cette maison?

LE CORDONNIER

Oui.

LE SOLDAT

Et qui cherchez-vous? Serait-il possible de le savoir?

LE CORDONNIER

Pourquoi pas? Je cherche une fille de cuisine, qui habite ici, afin de lui remettre ces mules qu'elle m'a commandées.

LE SOLDAT

De sorte que vous êtes son cordonnier?

LE CORDONNIER

Je l'ai chaussée plusieurs fois.

LE SOLDAT

Et vous allez lui essayer ces mules?

LE CORDONNIER

Ce sera inutile: Si c'étaient des souliers d'homme,

comme elle à coutume d'en porter, je les lui essaierais.

LE SOLDAT

Et celles-ci, sont-elles payées, ou non?

LE CORDONNIER

Elles ne sont pas payées; elle doit me les payer tout à l'heure.

LE SOLDAT

Ne m'accorderez-vous pas une faveur, qui serait pour moi très grande! Voici: confiez-moi ces mules, je vous donnerai des gages pour une égale valeur; j'espère avoir, d'ici à deux jours, de l'argent en abondance.

LE CORDONNIER

Je le ferai volontiers. Donnez-moi les gages, car je suis un pauvre ouvrier: je ne puis me fier à personne.

LE SOLDAT

Je vous donnerai un cure-dent que j'estime beaucoup, et que je ne laisserais pas pour un écu. Où est votre boutique, pour que j'aille le dégager?

LE CORDONNIER

Dans la grand'rue, près d'une de ces colonnes, et je me nomme Juan Juncos.

LE SOLDAT

Eh bien! Monsieur Juan Juncos, voici le cure-dent: estimez-le un bon prix, puisqu'il m'appartient.

LE CORDONNIER

Quoi! un cure-dent de fenouil, qui vaut à peine deux maravédis! Vous voulez que je l'estime un haut prix?

LE SOLDAT

O pauvre de moi[1]! Je ne vous le donne que comme souvenir pour moi-même, afin qu'en mettant la

(1) **O Pecador de mi!** Nous n'avons pas pu traduire autrement cette expression, qui répond au Pecaïre des Provençaux.

main à la poche, et ne trouvant plus mon fenouil,
je me souvienne que c'est vous qui l'avez, et que j'aille aussitôt le dégager. Foi de soldat, je ne vous le
donne pas pour autre chose. Mais si ce gage ne vous
suffit pas, j'ajouterai cette écharpe et ces lunettes.
Un bon payeur aime à donner des gages.

LE CORDONNIER

Quoique cordonnier, je ne suis pas assez peu
courtois pour dépouiller Votre Grâce de ses bijoux
et de ses objets précieux. Que Votre Grâce les garde;
et moi, je garderai mes mules: cela fait mieux mon
affaire.

LE SOLDAT

Quelle est leur pointure?

LE CORDONNIER

Cinq à peine.

LE SOLDAT

Je suis encore moins large, *mules de mes entrailles,*
puisque je ne possède pas dix réaux pour vous
payer. Que Votre Grâce m'écoute, monsieur le cordonnier, car je veux vous commenter ici même, tout
de suite, ce vers qui est sorti tout mesuré de mon
cerveau :

Mules de mes entrailles.

LE CORDONNIER

Votre Grâce est poète!

LE SOLDAT

Poète fameux, et vous allez le voir à l'instant
même: écoutez-moi bien:

Mules de mes entrailles.

GLOSE.

L'amour est un si grand tyran,
Q'oublieux de la foi

Que je lui garde toujours en vain,
Il donne aujourd'hui, avec l'enveloppe d'un pied,
La main à mon espoir.

Tels sont vos exploits,
Bottines petites et défiantes;
Déjà mon cœur s'avise de vous nommer,
Puisque vous êtes à Christina :
Mules de mes entrailles.

LE CORDONNIER

Ma foi, je comprends peu les vers; mais ceux-ci ont si bien sonné à mon oreille qu'ils me paraissent être de Lope[1], comme toutes les choses qui sont bonnes, ou qui paraissent l'être.

LE SOLDAT

Eh bien! monsieur, puisque vous ne voulez pas me faire plaisir et me confier ces mules, ce qui eût été peu de chose, je vous le demande au nom de ces jolis bijoux qui ne font pas aujourd'hui mon affaire : que Votre Grâce daigne au moins me les garder pendant deux jours, j'irai les chercher moi-même. Et maintenant, je vous le dis, monsieur le cordonnier: vous ne devez ni voir Christina, ni lui parler.

LE CORDONNIER

Je ferai ce que m'ordonne monsieur le soldat, parce que je vois de quels pieds il boîte. Ils sont au nombre de deux, celui de la pauvreté et celui de la jalousie.

LE SOLDAT

Voilà de l'esprit de collégial-trilingue, et non pas de cordonnier.

LE CORDONNIER

O jalousie! jalousie! Comme on ferait mieux de vous appeler douleur, douleur!

(Sort le Cordonnier.)

[1] Les représentations de Cervantès commençaient à être abandonnées pour celles de **Lope de Vega.** On comprend toute la portée de cette réflexion.

LE SOLDAT

Certes, si tu n'étais pas gardien et gardien vigilant, tu verrais les moustiques se faufiler dans la cave qui renferme la liqueur de ta joie. — Mais quelle est cette voix? Sans doute celle de ma Christina, qui s'égaie en chantant, pendant qu'elle balaie ou quelle lave la vaisselle.

(On entend à l'intérieur le bruit de plats qu'on nettoie, et on chante.)

Sacristain de ma vie, je t'appartiens :
Crois en ma fidélité, et chante Alleluià !

LE SOLDAT

Qu'entends-je? Sans doute le sacristain doit être le bijou de son âme. O Argenterie la plus polie que possède, posséda ou possèdera le calendrier des laveuses de vaisselle! Pourquoi, ainsi que tu nettoies cette faïence de Talavera, que tu rends entre tes mains polie et luisante comme l'argent, ne purifies-tu pas ton âme de ces pensées viles et sous-sacristaines?

(Entre le maître de Christina.)

SCÈNE V

LE MAITRE

Galant, que voulez-vous, et que cherchez-vous à cette porte?

LE SOLDAT

Je veux meilleur que ce qui est bon, et je cherche ce que je ne trouve pas. Mais qui êtes-vous pour me questionner?

LE MAITRE

Je suis le propriétaire de cette maison.

LE SOLDAT

Le maître de Christina?

LE MAITRE

Lui-même.

LE SOLDAT

Eh bien, que Votre Grâce vienne par ici. Prenez ce rouleau de papiers, et sachez que là dedans sont mes états de service, avec vingt-deux certificats de vingt-deux généraux, sous les drapeaux desquels j'ai servi, et, en outre, les noms de trente quatre mestres de camp qui ont daigné m'honorer de leur signature.

LE MAITRE

Mais, à ce que je crois, il n'y a pas eu depuis un siècle autant de généraux et de mestres de camp dans l'infanterie espagnole.

LE SOLDAT

Votre Grâce est un homme pacifique, et n'est pas obligée de s'entendre beaucoup aux choses de la guerre. Qu'elle parcoure des yeux ces papiers, et elle verra que, les uns dans les autres, tous les généraux et les mestres de camp que j'ai dits s'y trouvent inscrits.

LE MAITRE

Admettons que je les ai parcourus et examinés; mais à quoi bon me conter tout cela?

LE SOLDAT

Pour que Votre Grâce trouve possible et vrai ce que je vais vous dire tout de suite : je suis proposé pour l'un des trois châteaux ou des trois forts qui restent vacants dans le royaume de Naples, à savoir: Gaëta, Barleta et Rijobes.

LE MAITRE

Jusqu'à présent, tout m'est indifférent dans le récit que vous me faites.

LE SOLDAT

Je sais, moi, qu'ils doivent vous intéresser, s'il plaît à Dieu.

LE MAITRE

Comment cela?

LE SOLDAT

Parce que forcément, si le ciel ne tombe pas, je dois être pourvu d'une de ces places, et je désire me marier tout de suite avec Christinica. Lorsque je serai son mari, Votre Grâce pourra user de ma personne et de mes nombreux biens, comme de sa chose propre. Car je devrai me montrer reconnaissant pour les bontés que Votre Grâce a prodiguées à ma chère et bien-aimée compagne.

LE MAITRE

Votre Grâce souffre de la tête, plus que des autres parties du corps.

LE SOLDAT

Eh bien! Savez-vous jusqu'à quel point, mon doux Monsieur?... Vous allez me quitter la place tout de suite, sans passer le seuil de votre maison.

LE MAITRE

A-t-on vu pareille folie! Et qui pourrait m'empêcher d'entrer dans ma maison?

(Le sous-sacristain Pasillas revient armé d'un couvercle de cuvie
et d'une épée toute rouillée. Il est accompagné d'un autre sacristain
coiffé d'un morion, et armé d'un baton ou pal, auquel est attachée une
queue de renard.)

SCÈNE VI

LE SACRISTAIN

Allons! ami Grajalès, voilà celui qui a troublé mon repos.

GRAJALES

Je n'ai qu'un chagrin, c'est que mes armes soient fragiles et un peu... sensibles, sinon je l'aurais déjà dépêché dans l'autre monde, en toute dili-gence.

LE MAITRE

Calmez-vous, gentilshommes. Quel oubli des con-venances et quel assassinat est-ce là ?

LE SOLDAT

Brigands, c'est une trahison! C'est une attaque à main armée! Faux Sacristain, je jure que je vais vous transpercer, quand vous auriez reçu autant d'ordres qu'un Cérémonial[1]. Couard! tu viens à moi avec une queue de renard ! C'est me traiter en ivro-gne[2], ou bien, crois-tu épousseter quelque figure en ronde-bosse ?

GRAJALES

Je ne songe qu'à écarter les moustiques d'une cuve de vin.

(Christina et sa Maîtresse, à la fenêtre.)

CHRISTINA

Madame, Madame, on tue mon maître ; plus de mille épées sont levées sur lui, et elles luisent à m'ôter la vue.

LA MAITRESSE

Dis-tu vrai, ma fille ? Dieu le protège! Que sainte Ursule et les onze mille vierges le prennent sous leur garde! Viens Christina, et descendons le secou-rir du mieux que nous pourrons.

---

(1) Maître de cérémonies religieuses : un des ordres sacrés.

(2) Allusion à la façon dont on traitait les ivrognes au seizième et au dix-septième siècle. — Voir à ce sujet l'histoire de **Don Pablo de Ségovie**, par **Francisco de Quevedo**.

LE MAITRE

Sur votre vie, Messieurs les Chevaliers, calmez-vous, et songez qu'il est criminel d'user de supercherie avec qui que soit.

LE SOLDAT

Arrête-toi, queue de renard, et toi aussi, misérable couvercle; si vous achevez d'exciter ma colère, je vous tuerai, je vous mangerai et je jetterai vos os par la porte dérobée à deux lieues au-delà de l'enfer.

LE MAITRE

Contenez-vous, vous dis-je; sinon, il va me dépecer, sans hésitation.

LE SOLDAT

Pour ma part, je te respecte à cause de l'image que tu possèdes dans ta maison.

LE SACRISTAIN

Eh bien, quoique cette image fasse des miracles, elle ne vous sera d'aucun secours cette fois.

LE SOLDAT

Avez-vous vu l'impudence de ce maraud qui vient me caresser avec une queue de renard, il ne m'a pas effrayé et n'a pas intimidé mes coups d'épée plus forts que ceux de Dio de Lisbonne.

(Entrent Christina et sa Maîtresse.)

SCÈNE VII

LA MAITRESSE

Hélas! mon cher mari. Seriez-vous blessé par malheur, bien de mon âme?

CHRISTINA

Hélas! malheureuse que je suis! Par la vie de mon

père, les auteurs de la querelle sont mon sacristain
et mon soldat !

LE SOLDAT

Quoique je partage avec le sacristain, elle a pourtant dit: Mon Soldat!

LE MAITRE

Je ne suis pas blessé, Madame; mais sachez que
toute cette querelle est pour Christinica.

LA MAITRESSE

Comment! pour Christinica !

LE MAITRE

A ce que j'ai compris, ces galants sont jaloux
d'elle.

LA MAITRESSE

Est-ce vrai, fillette?

CHRISTINA

Oui, Madame.

LA MAITRESSE

Voyez avec quel peu de vergogne elle l'avoue: et
l'un de ces amoureux t'a-t'il déshonoré ?

CHRISTINA

Oui, Madame.

LA MAITRESSE

Lequel?

CHRISTINA

Le sacristain me déshonora l'autre jour, quand
j'allais au Rastro[1].

LA MAITRESSE

Combien de fois vous ai-je dit, Monsieur, de ne
pas laisser sortir cette fille hors de la maison, qu'elle
était déjà grande, et qu'il ne nous fallait point
la perdre de vue? Que va dire son père qui nous la

______

(1) C'est le quartier du Temple de Madrid.— La rue de Tolède, dans
laquelle se trouve l'église de San Isidro, n'en est guère éloignée.

confia intacte et sans souillure [1]. Et où t'a-t-il con-
duite, traîtresse, pour te déshonorer ?

CHRISTINA

Nulle part, ou plutôt là bas au milieu de la rue.

LA MAITRESSE

Comment cela, au milieu de la rue ?

CHRISTINA

Là bas au milieu de la rue de Tolède, à la vue de
Dieu et de tout le monde, il me traita d'impudique,
de malhonnête, et de peu de vergogne, et avec
moins de respect encore, il me donna d'autres épi-
pithètes de ce genre. Tout cela, parce qu'il était jaloux de ce soldat !

LE MAITRE

Ainsi, il n'y a pas eu autre chose entre vous, si ce
n'est cette querelle, mêlée d'insultes, qu'il te fit dans
la rue ?

CHRISTINA

Non, certes, car la colère lui passa.

LA MAITRESSE, (à part)

Elle m'a rendu la vie, j'ai failli en mourir.

CHRISTINA

Bien plus, tout ce qu'il m'avait promis fut confir-
mé dans ce papier timbré où il jure de m'épouser.
Ce papier, je le garde, comme on garde l'or dans
son mouchoir.

LE MAITRE

Montre-le, voyons !

LA MAITRESSE

Lisez-le à haute voix, mon mari.

---

(1) Sin polvo y sin paja « sans poussière et sans paille ». Mais le
mot polvo a un double sens en castillan, qu'il est impossible ou mal-
séant de traduire en français.

LE MAITRE

Voici ce qui s'y trouve :

« Je dis, moi, Lorenzo Pasillas, sous-sacristain de cette paroisse, que je suis extrêmement épris de madame Christina de Parrazès ; en foi de quoi, je lui donnai la présente, signée de mon nom, et faite à Madrid, dans le cimetière de Saint-André, le 6 mai de cette année 1611. Témoins : mon cœur, mon entendement, mon amour et ma mémoire.

                         » LORENZO PASILLAS. *»*

— Joli contrat de mariage !

LE SACRISTAIN

En disant que je l'aime bien, j'entends que je ferai en sa faveur tout ce qu'elle voudra ; car qui donne son amour, donne tout ce qui lui appartient.

LE MAITRE

Eh bien! Si elle y consentait, l'épouseriez-vous?

LE SACRISTAIN

Avec le plus grand plaisir, quoique je doive y perdre l'expectative de trois mille maravédis de rente que m'a promis de placer sur ma tête une de mes grand'tantes, ainsi qu'on me l'a écrit de mon pays.

LE SOLDAT

Si l'amour entre en ligne de compte, il y a aujourd'hui trente-neuf jours qu'arrivant par la porte de Ségovie, je donnai le mien à Christina, avec toutes les annexes de mes trois places fortes. Quelle consente à m'épouser: il y a plus d'honneur à être châtelain d'un illustre château, qu'à être un sacristain incomplet, un demi sacristain; il doit même lui manquer quelque chose pour être un demi-sacristain.

LE MAITRE

Christinica, désires-tu te marier?

CHRISTINA

Oui.

LE MAITRE

Eh bien, choisis de ces deux hommes qui s'offrent à toi celui qui te plaira le plus.

CHRISTINA

J'ai honte.

LA MAITRESSE

N'aie pas honte, car le dîner et le mariage doivent être au goût d'un chacun, et ne pas être subordonnés aux goûts des autres.

CHRISTINA

Mes maîtres, vous qui m'avez élevée, dites-moi quel est le mari qui me convient ; alors seulement je choisirai.

LE SOLDAT

Mignonne, jette les yeux sur moi, regarde ma bonne grâce. Je suis soldat, j'espère être châtelain : J'ai le cœur valeureux. Je suis le plus galant homme du monde : et, par le fil de ce vêtement, tu pourras tirer à toi le peloton de ma gentillesse.

LE SACRISTAIN

Christina, je suis musicien, quoique je ne joue que des cloches. Aucun sacristain ne peut l'emporter sur moi dans l'art d'orner une tombe, et de couvrir de tentures une église, les jours de fête solennelle. Ces offices, je peux bien les remplir étant marié, et gagner de quoi manger comme un prince.

LE MAITRE

C'est bien. Ma fille, choisis de ces deux hommes celui qui te plaît : il me plaira aussi et tu réconcilieras de cette façon ces deux puissants rivaux.

LE SOLDAT

Pour moi, je me soumets d'avance.

LE SACRISTAIN

Et moi, je me rends.

CHRISTINA

Eh bien! je choisis le sacristain.

(Les Musiciens sont entrés.)

SCÈNE VIII

LE MAITRE

Appelez donc ces garçons de mon voisin le barbier, pour que, grâce à leurs guitares et à leurs chants, nous commencions à célébrer le mariage en chantant et en dansant. Quant à Monsieur le soldat, il sera mon invité.

LE SOLDAT

J'accepte.

Où il y a la force du fait,
Tout droit se perd.

UN MUSICIEN

Puisque nous sommes arrivés à propos, ces vers seront le refrain de notre chanson.

(Ils chantent)

Les femmes choisissent toujours
Celui qui les mérite le moins.
Parce que leur mauvais goût l'emporte
Sur toutes leurs qualités.
Déjà la bravoure n'a plus de prix,
On aime mieux l'argent.
Elles préfèrent un sacristain,
Un frère, à un soldat déguenillé.
Mais ce choix n'est pourtant pas si bête :
Elle s'est mariée à un homme d'église,
Et l'église est le port des délinquants.
Où il y a la force du fait,
Tout droit se perd.

* *

Comme c'est bien là le soldat!
Il est resté seul dans ses vieux jours ;
Il n'a plus un cuarto;
Depuis qu'il a quitté sa compagnie.
Il se figure pouvoir être
Un des prétendants Gaïfers,
Conquérant par la force
Ce que je gagne par la douceur.
Tes réclamations ne me touchent pas,
Puisque tu as perdu la partie.
Un homme blessé peut toujours
Harceler son adversaire.
Où il y a la force du fait,
Tout droit se perd.

(Ils sortent en chantant et en dansant.)

FIN